Comment devenir un assistant virtuel

Comment trouver des clients, facturer correctement et réussir

I0490788

Introduction à l'assistanat virtuel

De nos jours, le monde évolue de manière à rendre le travail plus accessible à tous, peu importe où nous sommes dans le monde. Grâce aux avancées technologiques, le travail à distance est devenu une réalité et de plus en plus d'entreprises font appel à des assistants virtuels pour les aider à atteindre leurs objectifs. Les assistants virtuels sont des professionnels qui fournissent des services de soutien à distance à des entreprises ou des entrepreneurs, leur permettant ainsi de se concentrer sur leur travail principal.

L'assistanat virtuel est une profession en plein essor, avec des opportunités de carrière en constante expansion. Si vous cherchez à travailler à distance, l'assistanat virtuel peut être la solution idéale pour vous. Les assistants virtuels peuvent travailler à partir de n'importe quel endroit du monde, à condition d'avoir une connexion internet et les compétences nécessaires pour réussir.

Dans ce chapitre, nous explorerons le monde de l'assistanat virtuel, en définissant ce que c'est et comment il fonctionne. Nous parlerons également des compétences nécessaires pour réussir en tant qu'assistant virtuel, ainsi que des avantages et des inconvénients de ce type de travail.

Nous aborderons également les raisons pour lesquelles l'assistanat virtuel est de plus en plus populaire, et pourquoi tant d'entreprises font appel à des assistants virtuels pour les aider à réussir. Nous parlerons des types de tâches que les assistants virtuels peuvent accomplir pour leurs clients, ainsi que des industries et des entreprises qui peuvent bénéficier de leurs services.

Enfin, nous discuterons des perspectives d'avenir de l'assistanat virtuel et des tendances qui devraient continuer à façonner cette profession dans les années à venir.

L'assistanat virtuel est une profession passionnante et gratifiante qui peut offrir des opportunités de travail incroyables pour les personnes talentueuses et motivées. Si vous êtes prêt à explorer cette carrière, alors continuez à lire pour en savoir plus sur ce que l'assistanat virtuel peut offrir.

Les avantages et les inconvénients de l'assistanat virtuel

L'assistanat virtuel présente des avantages considérables, mais comme toute profession, il y a aussi des inconvénients à prendre en compte. Dans ce chapitre, nous examinerons les avantages et les inconvénients de l'assistanat virtuel afin que vous puissiez prendre une décision éclairée quant à savoir si c'est la bonne profession pour vous.

Avantages :

1. Flexibilité : L'un des plus grands avantages de l'assistanat virtuel est la flexibilité. Vous pouvez travailler à distance de n'importe où dans le monde, ce qui signifie que vous pouvez organiser votre emploi du temps selon vos besoins.
2. Économique : Travailler à distance signifie que vous n'avez pas besoin de dépenser de l'argent pour le transport ou le logement. Vous pouvez économiser de l'argent et consacrer plus de temps à votre famille et à vos loisirs.
3. Équilibre vie professionnelle-vie personnelle : Travailler à distance vous permet d'organiser votre emploi du temps de manière à ce qu'il convienne à votre vie personnelle. Vous pouvez passer plus de temps avec votre famille et vos amis, tout en gagnant votre vie.
4. Potentiel de revenus élevé : En tant qu'assistant virtuel, vous pouvez travailler pour plusieurs clients à la fois, ce qui signifie que vous pouvez augmenter vos revenus.

5. Possibilité de choisir vos clients : En travaillant à distance, vous pouvez choisir les clients pour lesquels vous souhaitez travailler, et vous pouvez vous spécialiser dans un domaine particulier.

Inconvénients :

1. Isolation : Travailler à distance peut être isolant, car vous n'êtes pas en contact direct avec vos collègues.
2. Difficulté de communication : La communication avec les clients peut être plus difficile lorsque vous travaillez à distance, car vous ne pouvez pas toujours communiquer en face à face.
3. Charge de travail instable : Le travail en tant qu'assistant virtuel peut être instable, car la quantité de travail dépend des besoins de vos clients.
4. Difficulté à établir des relations professionnelles : Il peut être plus difficile d'établir des relations professionnelles durables avec vos clients lorsque vous travaillez à distance.
5. Responsabilité : Travailler à distance signifie que vous êtes responsable de votre propre travail et que vous devez être discipliné pour respecter les délais.

En conclusion, l'assistanat virtuel offre de nombreux avantages, tels que la flexibilité, l'équilibre vie professionnelle-vie personnelle et le potentiel de revenus élevé. Cependant, il y a aussi des inconvénients, tels que l'isolation et la difficulté de communication. Avant de vous lancer dans cette profession, il est important de considérer les avantages et les inconvénients et de décider si cela convient à votre mode de vie et à vos objectifs professionnels.

Les compétences essentielles d'un assistant virtuel

En tant qu'assistant virtuel, il est important de posséder les compétences essentielles pour réussir dans ce domaine en constante évolution. Dans ce chapitre, nous explorerons les compétences que tout assistant virtuel doit avoir pour offrir un service de qualité à ses clients.

1. Compétences en communication : L'assistant virtuel doit avoir d'excellentes compétences en communication, car il doit être en mesure de communiquer clairement et efficacement avec les clients. Cela implique la capacité à comprendre les besoins des clients et à leur répondre de manière appropriée.
2. Compétences en organisation : L'assistant virtuel doit être organisé, car il est responsable de gérer ses propres tâches ainsi que celles de ses clients. Il doit être capable de planifier son travail de manière efficace et de s'assurer que les délais sont respectés.
3. Compétences en gestion de projet : En tant qu'assistant virtuel, vous serez souvent appelé à travailler sur plusieurs projets simultanément. Il est donc important de posséder de solides compétences en gestion de projet pour s'assurer que chaque projet est terminé dans les délais impartis.
4. Compétences en résolution de problèmes : Les assistants virtuels doivent être en mesure de résoudre rapidement les problèmes qui se posent. Cela implique de trouver des solutions créatives aux problèmes et de s'adapter aux changements de dernière minute.

5. Compétences en technologie : L'assistant virtuel doit avoir une bonne compréhension de la technologie utilisée pour travailler à distance. Cela inclut la maîtrise des logiciels de communication et de collaboration, ainsi que des compétences de base en informatique.
6. Compétences en service client : En tant qu'assistant virtuel, vous travaillerez souvent directement avec les clients. Il est donc important de posséder d'excellentes compétences en service client pour répondre aux besoins des clients de manière professionnelle et courtoise.
7. Compétences en marketing : Pour réussir en tant qu'assistant virtuel, vous devez également posséder des compétences de marketing de base. Cela inclut la capacité à promouvoir vos services et à trouver de nouveaux clients.
8. Compétences en développement personnel : Pour réussir en tant qu'assistant virtuel, vous devez également être en mesure de vous développer personnellement. Cela inclut la capacité à apprendre de nouvelles compétences, à vous adapter aux changements et à rester motivé et engagé.

En conclusion, les compétences essentielles d'un assistant virtuel comprennent des compétences en communication, en organisation, en gestion de projet, en résolution de problèmes, en technologie, en service client, en marketing et en développement personnel. Si vous souhaitez réussir en tant qu'assistant virtuel, il est important de posséder ces compétences et de les développer tout au long de votre carrière.

Comment trouver des clients en tant qu'assistant virtuel

Trouver des clients est l'un des aspects les plus importants de la réussite en tant qu'assistant virtuel. Cela peut sembler intimidant au début, mais avec la bonne approche, il est possible de trouver des clients qui ont besoin de vos services. Dans ce chapitre, nous explorerons les différentes stratégies que vous pouvez utiliser pour trouver des clients en tant qu'assistant virtuel.

1. Créez un profil en ligne : Un profil en ligne professionnel est un excellent moyen de vous faire connaître. Vous pouvez créer un profil sur des sites tels que LinkedIn, Upwork ou Freelancer, qui vous permettent de vous connecter avec des clients potentiels et de montrer vos compétences.
2. Réseautage : Le réseautage est un autre moyen de trouver des clients. Rejoignez des groupes professionnels en ligne et hors ligne, assistez à des événements et des conférences pour rencontrer d'autres professionnels et élargir votre réseau.
3. Utilisez les réseaux sociaux : Les réseaux sociaux peuvent être un excellent moyen de trouver des clients. Créez une page professionnelle sur Facebook ou Instagram et utilisez les hashtags pour vous faire remarquer. Utilisez également LinkedIn pour vous connecter avec d'autres professionnels.
4. Les références : Demandez à vos clients existants de vous recommander à d'autres personnes. Les références sont un excellent moyen d'obtenir de nouveaux clients, car les clients existants sont déjà satisfaits de vos services.

5. Utilisez des plateformes de freelance : Les plateformes de freelance, telles que Upwork ou Freelancer, sont des endroits où les clients peuvent publier des offres d'emploi et les assistants virtuels peuvent postuler pour des emplois. Créez un profil solide et postulez pour les emplois qui correspondent à vos compétences.
6. Marketing de contenu : Créez un blog ou une chaîne YouTube pour partager votre expertise. Fournissez des informations utiles et pertinentes pour aider les clients potentiels à mieux comprendre vos compétences.
7. Publicité en ligne : Si vous avez un budget marketing, vous pouvez utiliser la publicité en ligne pour promouvoir vos services. Utilisez des plates-formes publicitaires telles que Google Adwords ou Facebook Ads pour atteindre un public plus large.

En conclusion, trouver des clients en tant qu'assistant virtuel peut sembler intimidant, mais il existe de nombreuses stratégies que vous pouvez utiliser pour attirer des clients potentiels. Créez un profil en ligne professionnel, utilisez les réseaux sociaux, demandez des références, utilisez des plateformes de freelance, créez du contenu et utilisez la publicité en ligne pour atteindre un public plus large. Avec une stratégie solide, vous pouvez trouver des clients et réussir en tant qu'assistant virtuel.

Comment créer un profil attrayant pour les clients potentiels

En tant qu'assistant virtuel, votre profil en ligne est souvent la première impression que vous donnerez aux clients potentiels. Un profil attrayant peut vous aider à vous démarquer des autres assistants virtuels et à attirer des clients de qualité. Dans ce chapitre, nous explorerons les éléments clés pour créer un profil attrayant pour les clients potentiels.

1. Une présentation professionnelle : La présentation de votre profil doit être professionnelle et soignée. Utilisez une photo professionnelle et une mise en page claire pour rendre votre profil facile à lire.
2. Un titre accrocheur : Votre titre doit être accrocheur et clair. Utilisez des mots clés pertinents pour le poste et assurez-vous que le titre reflète vos compétences et votre expertise.
3. Une description convaincante : Votre description doit être convaincante et expliquer ce que vous offrez et comment vous pouvez aider vos clients. Utilisez des exemples concrets pour montrer vos compétences et votre expérience.
4. Des témoignages : Les témoignages de clients satisfaits sont un excellent moyen de renforcer votre crédibilité et de montrer que vous êtes capable de fournir des résultats de qualité. Incluez des témoignages de clients satisfaits pour donner confiance aux clients potentiels.
5. Des exemples de projets antérieurs : Incluez des exemples de projets antérieurs pour montrer votre expertise et votre expérience. Utilisez des images ou

des captures d'écran pour rendre les exemples plus concrets.

6. Une liste de compétences : Incluez une liste de compétences pertinentes pour le poste. Assurez-vous que la liste reflète vos compétences et vos forces.

7. Des certifications : Si vous avez des certifications pertinentes pour le poste, incluez-les dans votre profil. Les certifications peuvent renforcer votre crédibilité et montrer que vous êtes un expert dans votre domaine.

8. Des informations de contact claires : Assurez-vous que vos informations de contact sont claires et faciles à trouver. Incluez votre adresse e-mail, votre numéro de téléphone et votre site web si vous en avez un.

En conclusion, créer un profil attrayant pour les clients potentiels peut vous aider à vous démarquer des autres assistants virtuels et à attirer des clients de qualité. Assurez-vous que votre profil est professionnel et soigné, avec un titre accrocheur, une description convaincante, des témoignages, des exemples de projets antérieurs, une liste de compétences, des certifications et des informations de contact claires. Avec un profil solide, vous pouvez attirer des clients de qualité et réussir en tant qu'assistant virtuel.

Comment fixer des tarifs pour vos services en tant qu'assistant virtuel

L'un des aspects les plus importants de la réussite en tant qu'assistant virtuel est de fixer des tarifs justes pour vos services. Fixer des tarifs trop bas peut vous faire passer pour un amateur, tandis que des tarifs trop élevés peuvent vous faire perdre des clients potentiels. Dans ce chapitre, nous explorerons les éléments clés pour fixer des tarifs justes pour vos services en tant qu'assistant virtuel.

1. Évaluez votre expérience : Le niveau d'expérience que vous avez en tant qu'assistant virtuel doit être pris en compte lors de la fixation de vos tarifs. Si vous êtes un débutant, vous devriez considérer des tarifs plus bas jusqu'à ce que vous ayez acquis plus d'expérience.
2. Évaluez le marché : Faites des recherches pour déterminer ce que d'autres assistants virtuels facturent pour des services similaires aux vôtres. Cela vous donnera une idée des tarifs courants et vous aidera à fixer des tarifs raisonnables.
3. Évaluez vos compétences : Si vous avez des compétences spécifiques ou une expertise particulière, cela peut justifier des tarifs plus élevés. Considérez ces facteurs lors de la fixation de vos tarifs.
4. Évaluez le coût de la vie : Le coût de la vie dans votre région peut également influencer la tarification de vos services. Si le coût de la vie est élevé, vous pouvez envisager de facturer des tarifs plus élevés pour compenser les dépenses supplémentaires.

5. Évaluez les frais généraux : Les frais généraux, tels que les frais d'équipement, les coûts de logiciel et les frais de bureau, doivent également être pris en compte lors de la fixation de vos tarifs.
6. Offrez des forfaits : Offrir des forfaits peut être une bonne option pour attirer des clients. Offrir des forfaits pour des projets spécifiques peut être plus rentable pour les clients et vous permet de prévoir des revenus plus réguliers.
7. Soyez flexible : Être flexible peut être important pour attirer des clients potentiels. Si un client a des besoins spécifiques, soyez prêt à négocier vos tarifs en fonction de ces besoins.

En conclusion, la fixation des tarifs est un aspect important de la réussite en tant qu'assistant virtuel. Évaluez votre expérience, le marché, vos compétences, le coût de la vie et les frais généraux pour fixer des tarifs raisonnables. Offrez des forfaits et soyez flexible pour attirer des clients potentiels. Avec une tarification juste, vous pouvez attirer des clients de qualité et réussir en tant qu'assistant virtuel.

Comment facturer correctement vos clients en tant qu'assistant virtuel

La facturation est un aspect essentiel de la réussite en tant qu'assistant virtuel. La facturation correcte et en temps opportun peut vous aider à établir une relation de confiance avec vos clients et à maintenir une bonne réputation. Dans ce chapitre, nous explorerons les éléments clés pour facturer correctement vos clients en tant qu'assistant virtuel.

1. Établissez un contrat : Établissez un contrat clair avec vos clients avant de commencer tout travail. Le contrat doit inclure les services que vous fournirez, le coût des services, les délais et les conditions de paiement.
2. Utilisez un système de facturation : Utilisez un système de facturation professionnel pour générer des factures pour vos clients. Les systèmes de facturation peuvent vous aider à suivre les factures impayées, les paiements en retard et les clients qui ont besoin d'être facturés.
3. Établissez des délais de paiement clairs : Établissez des délais de paiement clairs pour chaque facture que vous envoyez. Cela peut inclure une date limite pour le paiement et des frais de retard en cas de non-paiement.
4. Acceptez les paiements en ligne : Acceptez les paiements en ligne pour faciliter le processus de paiement pour vos clients. Les options de paiement en ligne incluent PayPal, Stripe, ou Square.
5. Facturez avec précision : Facturez avec précision pour vous assurer que vous êtes payé pour tout le travail que vous avez effectué. Vérifiez que tous les

services ont été facturés correctement et que les frais de déplacement ou autres frais supplémentaires ont été inclus.

6. Envoyez des rappels de paiement : Si un client ne paie pas à temps, envoyez des rappels de paiement polis mais fermes pour rappeler au client de payer la facture en retard.

7. Offrez des remises : Offrez des remises pour les clients réguliers ou pour les projets plus importants pour encourager la fidélité des clients.

En conclusion, la facturation est un aspect important de la réussite en tant qu'assistant virtuel. Établissez un contrat clair avec vos clients, utilisez un système de facturation professionnel, établissez des délais de paiement clairs, acceptez les paiements en ligne, facturez avec précision, envoyez des rappels de paiement et offrez des remises pour encourager la fidélité des clients. Avec une facturation correcte et en temps opportun, vous pouvez établir une relation de confiance avec vos clients et maintenir une bonne réputation en tant qu'assistant virtuel.

Comment gérer les conflits avec les clients en tant qu'assistant virtuel

Les conflits avec les clients sont inévitables en tant qu'assistant virtuel. Cependant, il est important de gérer les conflits de manière professionnelle pour maintenir une relation positive avec vos clients. Dans ce chapitre, nous explorerons les éléments clés pour gérer les conflits avec les clients en tant qu'assistant virtuel.

1. Écoutez attentivement : Écoutez attentivement le client pour comprendre leurs préoccupations et leur point de vue. Soyez ouvert d'esprit et empathique.
2. Restez calme : Restez calme et professionnel en tout temps. Évitez de prendre le conflit de manière personnelle et évitez de réagir de manière émotionnelle.
3. Établissez une communication claire : Établissez une communication claire avec le client en expliquant votre point de vue de manière professionnelle et en écoutant leur point de vue. Utilisez un langage clair et évitez les termes techniques complexes.
4. Trouvez une solution : Essayez de trouver une solution qui convienne à toutes les parties. Soyez créatif et flexible en proposant des options qui peuvent résoudre le conflit.
5. Respectez le contrat : Respectez le contrat établi avec le client et utilisez-le comme référence pour résoudre le conflit. Assurez-vous que la solution proposée est en conformité avec les termes du contrat.

6. Restez transparent : Soyez transparent avec le client en expliquant les raisons pour lesquelles vous avez pris certaines décisions et en fournissant des mises à jour régulières sur l'état du conflit.

7. Apprenez de l'expérience : Apprenez de chaque conflit pour améliorer vos services à l'avenir. Identifiez les causes des conflits et développez des stratégies pour les éviter à l'avenir.

En conclusion, les conflits avec les clients peuvent être difficiles à gérer en tant qu'assistant virtuel. Écoutez attentivement le client, restez calme et professionnel, établissez une communication claire, trouvez une solution qui convienne à toutes les parties, respectez le contrat, soyez transparent et apprenez de l'expérience. Avec une gestion professionnelle des conflits, vous pouvez maintenir une relation positive avec vos clients et améliorer vos services à l'avenir.

Comment gérer plusieurs projets à la fois en tant qu'assistant virtuel

En tant qu'assistant virtuel, il est courant d'avoir plusieurs projets à gérer en même temps. La gestion de plusieurs projets peut être stressante et accablante, mais il existe des stratégies que vous pouvez utiliser pour gérer efficacement plusieurs projets en même temps. Dans ce chapitre, nous explorerons les éléments clés pour gérer plusieurs projets à la fois en tant qu'assistant virtuel.

1. Priorisez les projets : Évaluez les projets en termes de priorité et d'urgence. Priorisez les projets qui ont des délais plus courts ou qui ont un impact plus important sur les clients.
2. Utilisez un calendrier : Utilisez un calendrier pour planifier vos tâches et définir des échéances claires pour chaque projet. Utilisez des outils tels que Google Calendar ou Trello pour organiser votre travail.
3. Définissez des limites : Définissez des limites claires pour chaque projet en termes de temps et de ressources. Évitez de surcharger votre calendrier avec trop de projets à la fois.
4. Utilisez une méthode de gestion de projet : Utilisez une méthode de gestion de projet telle que Agile ou Scrum pour gérer plusieurs projets en même temps. Ces méthodes vous aident à rester organisé et à prioriser les tâches importantes.
5. Restez organisé : Utilisez des outils de gestion de projet pour rester organisé, comme Asana ou Trello. Ces outils vous permettent de suivre l'avancement

de chaque projet et de vous assurer que vous êtes sur la bonne voie.

6. Utilisez la technologie : Utilisez la technologie pour automatiser certaines tâches, comme la gestion des e-mails ou la planification de réunions. Cela vous permet de gagner du temps et de vous concentrer sur les tâches les plus importantes.

7. Communiquez avec les clients : Communiquez régulièrement avec les clients pour leur faire savoir l'avancement du projet. Évitez de les laisser dans l'incertitude en leur fournissant des mises à jour régulières.

En conclusion, la gestion de plusieurs projets à la fois peut être stressante en tant qu'assistant virtuel, mais il existe des stratégies pour vous aider à gérer efficacement votre temps et à accomplir toutes les tâches. Priorisez les projets, utilisez un calendrier et une méthode de gestion de projet, restez organisé, utilisez la technologie, et communiquez régulièrement avec les clients pour vous assurer que vous êtes sur la bonne voie. Avec une gestion efficace des projets, vous pouvez fournir un excellent travail à vos clients et réussir en tant qu'assistant virtuel.

Comment rester organisé en tant qu'assistant virtuel

En tant qu'assistant virtuel, vous êtes responsable de gérer votre propre temps et de rester organisé pour assurer la qualité de votre travail. Être organisé est essentiel pour gérer efficacement vos projets et vos tâches et pour répondre aux besoins de vos clients de manière professionnelle. Dans ce chapitre, nous explorerons les éléments clés pour rester organisé en tant qu'assistant virtuel.

1. Utilisez un calendrier : Utilisez un calendrier pour planifier vos tâches et vos rendez-vous. Le calendrier vous aide à visualiser vos tâches à venir et à planifier en conséquence.
2. Utilisez des listes de tâches : Utilisez des listes de tâches pour énumérer toutes les tâches à accomplir. Les listes de tâches vous aident à rester concentré et organisé tout en suivant vos tâches à effectuer.
3. Classez vos tâches : Classez vos tâches par ordre de priorité et d'urgence. Les tâches qui ont un impact plus important sur les clients ou celles qui ont des délais plus courts doivent être traitées en premier.
4. Établissez des routines : Établissez des routines pour les tâches courantes, telles que la gestion des e-mails ou la planification de réunions. Cela vous permet de gérer efficacement votre temps et d'être plus productif.
5. Utilisez des outils de gestion de projet : Utilisez des outils de gestion de projet tels que Trello ou Asana pour suivre l'avancement de vos projets et pour rester organisé.

6. Automatisez les tâches répétitives : Automatisez les tâches répétitives telles que la planification de réunions ou la gestion des factures pour gagner du temps et être plus efficace.

7. Développez des méthodes de gestion de fichiers : Développez des méthodes de gestion de fichiers pour organiser les documents, les images et les vidéos en utilisant des outils tels que Dropbox ou Google Drive.

En conclusion, la gestion de votre temps et de vos tâches est essentielle pour réussir en tant qu'assistant virtuel. Utilisez un calendrier et des listes de tâches pour planifier et suivre vos tâches à accomplir, classez vos tâches par ordre de priorité et d'urgence, établissez des routines pour les tâches courantes, utilisez des outils de gestion de projet et automatisez les tâches répétitives. Développez également des méthodes de gestion de fichiers pour organiser les documents, les images et les vidéos. Avec une bonne organisation, vous pouvez fournir un excellent travail à vos clients et réussir en tant qu'assistant virtuel.

Comment communiquer efficacement avec les clients en tant qu'assistant virtuel

La communication efficace avec les clients est essentielle pour réussir en tant qu'assistant virtuel. En raison de la nature virtuelle de votre travail, la communication peut parfois être difficile, mais il existe des stratégies que vous pouvez utiliser pour communiquer efficacement avec vos clients. Dans ce chapitre, nous explorerons les éléments clés pour communiquer efficacement avec les clients en tant qu'assistant virtuel.

1. Utilisez un canal de communication clair : Utilisez un canal de communication clair pour communiquer avec vos clients. Cela peut inclure l'utilisation de la messagerie instantanée, des e-mails, des appels vidéo ou des appels téléphoniques.
2. Établissez des délais clairs : Établissez des délais clairs pour répondre aux demandes de vos clients. Cela vous permet de répondre rapidement aux besoins de vos clients et d'éviter les retards.
3. Évitez les malentendus : Évitez les malentendus en clarifiant les demandes de vos clients. N'hésitez pas à poser des questions pour obtenir des éclaircissements.
4. Soyez professionnel : Soyez professionnel dans toutes vos communications avec les clients. Évitez les langages familiers ou les blagues inappropriées.
5. Soyez concis : Soyez concis dans vos communications avec les clients. Utilisez des phrases courtes et des mots simples pour faciliter la compréhension.

6. Fournissez des mises à jour régulières : Fournissez des mises à jour régulières à vos clients pour les tenir informés de l'avancement de leur projet. Cela les rassure et montre que vous êtes engagé dans votre travail.
7. Restez disponible : Restez disponible pour vos clients en répondant rapidement à leurs demandes. Établissez des heures de disponibilité claires pour éviter les malentendus.

En conclusion, la communication efficace avec les clients est essentielle pour réussir en tant qu'assistant virtuel. Utilisez un canal de communication clair, établissez des délais clairs, évitez les malentendus, soyez professionnel et concis, fournissez des mises à jour régulières et restez disponible pour vos clients. Avec une communication efficace, vous pouvez maintenir une relation positive avec vos clients et fournir un excellent travail en tant qu'assistant virtuel.

Comment assurer la confidentialité et la sécurité des informations des clients en tant qu'assistant virtuel

En tant qu'assistant virtuel, vous avez souvent accès à des informations confidentielles et sensibles de vos clients. Il est donc de votre responsabilité de garantir la confidentialité et la sécurité de ces informations. Dans ce chapitre, nous explorerons les éléments clés pour assurer la confidentialité et la sécurité des informations des clients en tant qu'assistant virtuel.

1. Utilisez des outils de sécurité : Utilisez des outils de sécurité tels que des logiciels de protection des données et des pare-feu pour protéger les informations de vos clients contre les cyberattaques.
2. Établissez des règles de sécurité : Établissez des règles de sécurité pour le stockage et la manipulation des informations de vos clients. Définissez des mots de passe forts et changez-les régulièrement.
3. Signez un accord de confidentialité : Signez un accord de confidentialité avec chaque client pour garantir la confidentialité des informations. Cela montre votre engagement à protéger les informations de vos clients.
4. Restez vigilant : Restez vigilant et surveillez les tentatives d'attaque ou de vol d'informations. Utilisez des outils de détection pour identifier les activités suspectes.
5. Évitez de stocker des informations inutiles : Évitez de stocker des informations inutiles qui pourraient être une cible pour les cyberattaques. Évitez

également de stocker les informations de vos clients sur des ordinateurs ou des appareils mobiles personnels.

6. Utilisez des services de stockage en ligne sécurisés : Utilisez des services de stockage en ligne sécurisés tels que Dropbox ou Google Drive pour stocker les informations de vos clients.

7. Informez vos clients : Informez vos clients des mesures de sécurité que vous prenez pour protéger leurs informations. Cela peut les rassurer et leur donner confiance en votre travail.

En conclusion, la confidentialité et la sécurité des informations des clients sont essentielles pour réussir en tant qu'assistant virtuel. Utilisez des outils de sécurité, établissez des règles de sécurité, signez un accord de confidentialité, restez vigilant, évitez de stocker des informations inutiles, utilisez des services de stockage en ligne sécurisés, et informez vos clients des mesures de sécurité que vous prenez. Avec une sécurité efficace, vous pouvez protéger les informations de vos clients et fournir un excellent travail en tant qu'assistant virtuel.

Comment établir une relation de confiance avec les clients en tant qu'assistant virtuel

La relation de confiance entre vous et vos clients est essentielle pour réussir en tant qu'assistant virtuel. Les clients doivent avoir confiance en vos compétences et en votre professionnalisme pour travailler avec vous à long terme. Dans ce chapitre, nous explorerons les éléments clés pour établir une relation de confiance avec les clients en tant qu'assistant virtuel.

1. Soyez professionnel : Soyez professionnel dans toutes vos interactions avec les clients. Évitez les langages familiers ou les blagues inappropriées.
2. Respectez les délais : Respectez les délais établis pour les projets et les tâches. Cela montre votre engagement à fournir un excellent travail et à respecter les besoins de vos clients.
3. Fournissez un travail de qualité : Fournissez un travail de qualité pour satisfaire les attentes de vos clients. Cela montre votre compétence et votre professionnalisme.
4. Communiquez régulièrement : Communiquez régulièrement avec vos clients pour les tenir informés de l'avancement des projets. Cela montre votre engagement à travailler avec eux et à répondre à leurs besoins.
5. Soyez transparent : Soyez transparent dans vos communications avec les clients. Évitez de dissimuler des problèmes ou des difficultés et informez-les des défis que vous rencontrez.

6. Respectez la confidentialité : Respectez la confidentialité des informations de vos clients et assurez-vous que les informations sont protégées.
7. Répondez rapidement : Répondez rapidement aux demandes de vos clients pour montrer votre engagement à travailler avec eux et à répondre à leurs besoins.
8. Développez une relation personnelle : Développez une relation personnelle avec vos clients en posant des questions sur leur entreprise ou leur vie personnelle. Cela montre que vous vous intéressez à eux en tant que personne.

En conclusion, établir une relation de confiance avec les clients est essentiel pour réussir en tant qu'assistant virtuel. Soyez professionnel, respectez les délais, fournissez un travail de qualité, communiquez régulièrement, soyez transparent, respectez la confidentialité, répondez rapidement et développez une relation personnelle. Avec une relation de confiance solide, vous pouvez travailler avec vos clients à long terme et réussir en tant qu'assistant virtuel.

Comment gérer les urgences et les imprévus en tant qu'assistant virtuel

En tant qu'assistant virtuel, vous êtes souvent confronté à des urgences et des imprévus qui peuvent perturber votre travail et affecter la qualité de votre service. Il est donc important d'être préparé et de savoir comment gérer ces situations. Dans ce chapitre, nous explorerons les éléments clés pour gérer les urgences et les imprévus en tant qu'assistant virtuel.

1. Restez calme : Gardez votre calme lorsque vous êtes confronté à une urgence ou à un imprévu. Cela vous permet de réfléchir clairement et de prendre les bonnes décisions.
2. Établissez des priorités : Établissez des priorités pour gérer les urgences et les imprévus. Déterminez ce qui est important et ce qui doit être traité en premier.
3. Communiquez avec votre client : Communiquez avec votre client pour l'informer de la situation. Expliquez la nature de l'urgence ou de l'imprévu et discutez des solutions possibles.
4. Trouvez des solutions créatives : Trouvez des solutions créatives pour résoudre les problèmes urgents ou imprévus. Réfléchissez à des moyens alternatifs pour répondre aux besoins de vos clients.
5. Soyez flexible : Soyez flexible et prêt à ajuster votre emploi du temps pour gérer les urgences ou les imprévus. Cela montre votre engagement à répondre aux besoins de vos clients.
6. Demandez de l'aide : Demandez de l'aide si nécessaire. Si vous ne pouvez pas gérer l'urgence ou

l'imprévu seul, contactez d'autres professionnels pour vous aider.

7. Faites un suivi : Faites un suivi avec votre client après avoir géré l'urgence ou l'imprévu. Assurez-vous que tout est résolu et que votre client est satisfait de la solution.

En conclusion, la gestion des urgences et des imprévus est essentielle pour réussir en tant qu'assistant virtuel. Restez calme, établissez des priorités, communiquez avec votre client, trouvez des solutions créatives, soyez flexible, demandez de l'aide si nécessaire et faites un suivi avec votre client. Avec une bonne gestion des urgences et des imprévus, vous pouvez fournir un excellent service à vos clients et réussir en tant qu'assistant virtuel.

Comment se démarquer de la concurrence en tant qu'assistant virtuel

Dans le monde de l'assistanat virtuel, il y a une concurrence féroce pour attirer et conserver des clients. Pour réussir en tant qu'assistant virtuel, il est important de se démarquer de la concurrence et de montrer aux clients que vous êtes le meilleur choix pour leurs besoins. Dans ce chapitre, nous explorerons les éléments clés pour se démarquer de la concurrence en tant qu'assistant virtuel.

1. Fournissez un service de qualité : Fournissez un service de qualité pour satisfaire les attentes de vos clients. Cela montre votre compétence et votre professionnalisme.
2. Soyez spécialisé : Spécialisez-vous dans un domaine spécifique pour offrir un service plus ciblé. Cela peut vous aider à attirer des clients spécifiques qui ont des besoins particuliers.
3. Soyez innovant : Soyez innovant dans la manière dont vous fournissez vos services. Proposez de nouvelles idées et de nouvelles solutions pour répondre aux besoins de vos clients.
4. Offrez un excellent service client : Offrez un excellent service client en répondant rapidement aux demandes et en étant toujours disponible pour les clients.
5. Ayez une présence en ligne solide : Ayez une présence en ligne solide pour attirer des clients potentiels. Utilisez les réseaux sociaux, les blogs et les sites web pour promouvoir vos services.

6. Soyez transparent : Soyez transparent dans vos communications avec les clients. Expliquez votre processus de travail et vos tarifs de manière claire et concise.
7. Créez une marque forte : Créez une marque forte pour vous démarquer de la concurrence. Utilisez un logo unique, des couleurs et des polices pour créer une image de marque forte et cohérente.
8. Utilisez des témoignages de clients : Utilisez des témoignages de clients pour montrer votre expertise et votre expérience. Les témoignages positifs peuvent aider à attirer de nouveaux clients.

En conclusion, se démarquer de la concurrence est essentiel pour réussir en tant qu'assistant virtuel. Fournissez un service de qualité, spécialisez-vous, soyez innovant, offrez un excellent service client, ayez une présence en ligne solide, soyez transparent, créez une marque forte et utilisez des témoignages de clients. Avec ces éléments clés, vous pouvez attirer de nouveaux clients et réussir en tant qu'assistant virtuel.

Comment collaborer avec d'autres assistants virtuels en tant qu'assistant virtuel

En tant qu'assistant virtuel, il est important de travailler avec d'autres professionnels pour répondre aux besoins de vos clients. La collaboration avec d'autres assistants virtuels peut vous permettre d'élargir votre portée et d'offrir des services plus complets. Dans ce chapitre, nous explorerons les éléments clés pour collaborer avec d'autres assistants virtuels en tant qu'assistant virtuel.

1. Trouvez des partenaires : Trouvez des partenaires qui ont des compétences complémentaires aux vôtres. Identifiez les domaines où vous pourriez collaborer pour offrir des services plus complets.
2. Établissez des relations : Établissez des relations avec d'autres assistants virtuels en ligne. Utilisez les réseaux sociaux, les forums et les groupes pour vous connecter avec d'autres professionnels.
3. Établissez des accords de collaboration : Établissez des accords de collaboration avec d'autres assistants virtuels pour définir les rôles et les responsabilités de chacun.
4. Déterminez les tarifs et les délais : Déterminez les tarifs et les délais pour chaque projet collaboratif. Assurez-vous que tous les détails sont clairement définis.
5. Communiquez régulièrement : Communiquez régulièrement avec vos partenaires pour assurer une collaboration efficace. Utilisez des outils de collaboration en ligne tels que Trello ou Slack pour gérer les projets.

6. Partagez les connaissances : Partagez les connaissances et les compétences avec vos partenaires. Cela peut vous aider à améliorer vos propres compétences et à mieux servir vos clients.
7. Respectez les accords : Respectez les accords de collaboration établis. Cela montre votre engagement à travailler avec vos partenaires et à respecter leurs besoins.

En conclusion, la collaboration avec d'autres assistants virtuels peut vous permettre d'élargir votre portée et d'offrir des services plus complets. Trouvez des partenaires, établissez des relations, établissez des accords de collaboration, déterminez les tarifs et les délais, communiquez régulièrement, partagez les connaissances et respectez les accords. Avec une collaboration efficace, vous pouvez offrir un excellent service à vos clients et réussir en tant qu'assistant virtuel.

Comment élargir votre réseau professionnel en tant qu'assistant virtuel

En tant qu'assistant virtuel, il est important d'avoir un réseau professionnel solide pour trouver de nouveaux clients et pour échanger des idées avec d'autres professionnels. Dans ce chapitre, nous explorerons les éléments clés pour élargir votre réseau professionnel en tant qu'assistant virtuel.

1. Utilisez les réseaux sociaux : Utilisez les réseaux sociaux tels que LinkedIn, Twitter, Facebook et Instagram pour vous connecter avec d'autres professionnels de votre domaine.
2. Participez à des événements en ligne : Participez à des événements en ligne tels que des webinaires, des conférences virtuelles ou des forums pour rencontrer d'autres professionnels.
3. Inscrivez-vous à des groupes professionnels : Inscrivez-vous à des groupes professionnels en ligne pour vous connecter avec d'autres professionnels de votre domaine.
4. Créez un blog ou un site web : Créez un blog ou un site web pour présenter vos services et partager votre expertise.
5. Partagez votre expertise : Partagez votre expertise en écrivant des articles ou en donnant des présentations en ligne. Cela peut vous aider à établir votre réputation en tant qu'expert dans votre domaine.
6. Demandez des recommandations : Demandez des recommandations de vos clients satisfaits pour

augmenter votre visibilité et votre crédibilité en ligne.

7. Échangez des idées : Échangez des idées avec d'autres professionnels en participant à des discussions en ligne ou en organisant des rencontres en ligne.

8. Offrez des services gratuits : Offrez des services gratuits pour aider les autres professionnels et pour élargir votre réseau professionnel.

En conclusion, élargir votre réseau professionnel est essentiel pour réussir en tant qu'assistant virtuel. Utilisez les réseaux sociaux, participez à des événements en ligne, inscrivez-vous à des groupes professionnels, créez un blog ou un site web, partagez votre expertise, demandez des recommandations, échangez des idées et offrez des services gratuits. Avec ces éléments clés, vous pouvez élargir votre réseau professionnel et réussir en tant qu'assistant virtuel.

Comment utiliser les réseaux sociaux pour trouver des clients en tant qu'assistant virtuel

Les réseaux sociaux sont un excellent moyen de trouver des clients en tant qu'assistant virtuel. En effet, ces plateformes permettent de se connecter avec des personnes partout dans le monde et de promouvoir ses services à un public large et varié. Dans ce chapitre, nous explorerons les éléments clés pour utiliser les réseaux sociaux pour trouver des clients en tant qu'assistant virtuel.

1. Identifiez votre public cible : Identifiez votre public cible en définissant votre marché et vos services. Déterminez qui sont vos clients potentiels et quels sont leurs besoins.
2. Créez des comptes professionnels : Créez des comptes professionnels sur les réseaux sociaux les plus pertinents pour votre activité, tels que LinkedIn, Twitter, Facebook et Instagram.
3. Optimisez votre profil : Optimisez votre profil pour refléter votre expertise et vos services. Utilisez des mots-clés pertinents pour que les clients potentiels puissent facilement vous trouver.
4. Partagez des contenus pertinents : Partagez des contenus pertinents sur vos profils, tels que des articles de blog, des infographies, des vidéos et des podcasts. Ces contenus doivent refléter votre expertise et aider les clients potentiels à mieux comprendre vos services.
5. Interagissez avec votre audience : Interagissez avec votre audience en répondant à leurs questions et en échangeant des idées. Cette interaction aide à créer

une relation de confiance avec vos clients potentiels.

6. Utilisez des hashtags pertinents : Utilisez des hashtags pertinents pour vous faire remarquer par les clients potentiels. Les hashtags vous permettent de vous connecter avec des personnes partageant les mêmes intérêts que vous.

7. Utilisez des publicités payantes : Utilisez des publicités payantes sur les réseaux sociaux pour atteindre un public plus large. Les publicités payantes sont un excellent moyen d'atteindre rapidement un grand nombre de personnes.

En conclusion, les réseaux sociaux sont un excellent moyen de trouver des clients en tant qu'assistant virtuel. Identifiez votre public cible, créez des comptes professionnels, optimisez votre profil, partagez des contenus pertinents, interagissez avec votre audience, utilisez des hashtags pertinents et utilisez des publicités payantes. Avec ces éléments clés, vous pouvez utiliser les réseaux sociaux pour trouver des clients et réussir en tant qu'assistant virtuel.

Comment améliorer vos compétences en tant qu'assistant virtuel

En tant qu'assistant virtuel, il est important de continuellement améliorer ses compétences pour offrir un excellent service à vos clients. L'industrie de l'assistanat virtuel évolue constamment, ce qui signifie que vous devez être prêt à vous adapter aux changements et à améliorer continuellement vos compétences. Dans ce chapitre, nous explorerons les éléments clés pour améliorer vos compétences en tant qu'assistant virtuel.

1. Identifiez les compétences à améliorer : Identifiez les compétences que vous devez améliorer en fonction des demandes de vos clients et des tendances de l'industrie. Identifiez également les compétences qui vous passionnent et que vous souhaitez développer davantage.
2. Formez-vous : Formez-vous en ligne ou dans des établissements de formation pour acquérir de nouvelles compétences ou améliorer celles que vous avez déjà. Des sites comme Udemy, Coursera et LinkedIn Learning proposent des formations en ligne sur une grande variété de sujets.
3. Participez à des conférences et des événements : Participez à des conférences et des événements de l'industrie pour échanger des idées et rencontrer d'autres professionnels de l'assistanat virtuel.
4. Lisez des livres et des articles : Lisez des livres et des articles sur l'assistanat virtuel et sur les compétences que vous souhaitez développer. Des auteurs comme Michael Hyatt, Chris Ducker et Tim

Ferriss sont des experts dans le domaine et peuvent vous donner des conseils précieux.

5. Pratiquez : Pratiquez les compétences que vous souhaitez améliorer en proposant des services à vos clients. Cette pratique vous permettra de mieux comprendre les besoins de vos clients et de vous améliorer continuellement.

6. Trouvez un mentor : Trouvez un mentor dans l'industrie qui peut vous donner des conseils et vous guider dans votre développement professionnel.

7. Obtenez des certifications : Obtenez des certifications pour prouver votre expertise dans des domaines spécifiques de l'assistanat virtuel. Les certifications peuvent également aider à renforcer votre crédibilité auprès des clients.

En conclusion, il est essentiel d'améliorer continuellement ses compétences en tant qu'assistant virtuel. Identifiez les compétences à améliorer, formez-vous, participez à des conférences et des événements, lisez des livres et des articles, pratiquez, trouvez un mentor et obtenez des certifications. Avec ces éléments clés, vous pouvez améliorer vos compétences et réussir en tant qu'assistant virtuel.

Comment offrir des services spécialisés en tant qu'assistant virtuel

En tant qu'assistant virtuel, vous pouvez offrir une grande variété de services à vos clients. Cependant, il est également possible de se spécialiser dans un domaine spécifique pour offrir des services plus ciblés et répondre aux besoins spécifiques de certains clients. Dans ce chapitre, nous explorerons les éléments clés pour offrir des services spécialisés en tant qu'assistant virtuel.

1. Identifiez votre créneau : Identifiez un domaine spécifique dans lequel vous avez une expertise ou une passion particulière. Ce domaine peut être lié à votre expérience professionnelle antérieure, à vos centres d'intérêt ou à des compétences spécifiques que vous avez développées.
2. Faites des recherches : Faites des recherches sur les besoins des clients dans votre domaine spécifique. Découvrez ce que les clients recherchent et quels sont les services les plus demandés.
3. Établissez une liste de services spécialisés : Établissez une liste de services spécialisés que vous pouvez offrir dans votre domaine spécifique. Ces services doivent répondre aux besoins spécifiques des clients.
4. Créez un plan marketing : Créez un plan marketing pour promouvoir vos services spécialisés. Utilisez les réseaux sociaux, les publicités en ligne et les événements de l'industrie pour promouvoir vos services.

5. Mettez en avant votre expertise : Mettez en avant votre expertise dans votre domaine spécifique en écrivant des articles de blog, en donnant des présentations en ligne et en participant à des discussions en ligne.
6. Demandez des recommandations : Demandez des recommandations de vos clients satisfaits pour augmenter votre crédibilité dans votre domaine spécifique.
7. Obtenez des certifications : Obtenez des certifications dans votre domaine spécifique pour renforcer votre crédibilité auprès des clients.

En conclusion, offrir des services spécialisés en tant qu'assistant virtuel peut être un excellent moyen de se démarquer dans l'industrie et de répondre aux besoins spécifiques des clients. Identifiez votre créneau, faites des recherches, établissez une liste de services spécialisés, créez un plan marketing, mettez en avant votre expertise, demandez des recommandations et obtenez des certifications. Avec ces éléments clés, vous pouvez offrir des services spécialisés et réussir en tant qu'assistant virtuel.

Comment automatiser certaines tâches en tant qu'assistant virtuel

En tant qu'assistant virtuel, il est important d'optimiser votre temps et vos ressources pour offrir un service efficace à vos clients. L'automatisation de certaines tâches peut être un excellent moyen de gagner du temps et de réduire les erreurs. Dans ce chapitre, nous explorerons les éléments clés pour automatiser certaines tâches en tant qu'assistant virtuel.

1. Identifiez les tâches répétitives : Identifiez les tâches répétitives que vous effectuez régulièrement pour vos clients. Il peut s'agir de tâches administratives, de la gestion de courriels ou de la planification d'agenda.
2. Utilisez des outils de productivité : Utilisez des outils de productivité pour automatiser ces tâches répétitives. Des outils comme Zapier, IFTTT et Workflow peuvent vous aider à automatiser les tâches les plus courantes.
3. Utilisez des modèles : Utilisez des modèles pour accélérer le processus de rédaction. Créez des modèles pour les courriels, les devis et les contrats, par exemple.
4. Planifiez vos publications sur les réseaux sociaux : Planifiez vos publications sur les réseaux sociaux à l'aide d'outils tels que Hootsuite ou Buffer. Cela vous permettra de publier du contenu régulièrement sans avoir à y penser chaque jour.
5. Utilisez la reconnaissance vocale : Utilisez la reconnaissance vocale pour rédiger des courriels et des documents plus rapidement. Des outils comme

Dragon NaturallySpeaking et Google Voice Typing peuvent vous aider à utiliser la reconnaissance vocale pour rédiger du texte.

6. Utilisez la facturation en ligne : Utilisez la facturation en ligne pour automatiser le processus de facturation. Des outils comme Freshbooks, Quickbooks et Zoho Books peuvent vous aider à automatiser la facturation et le suivi des paiements.

7. Automatisez les rappels : Automatisez les rappels pour les réunions, les appels et les échéances à l'aide d'outils tels que Google Agenda et Trello.

En conclusion, l'automatisation de certaines tâches peut être un excellent moyen de gagner du temps et d'améliorer votre efficacité en tant qu'assistant virtuel. Identifiez les tâches répétitives, utilisez des outils de productivité, utilisez des modèles, planifiez vos publications sur les réseaux sociaux, utilisez la reconnaissance vocale, utilisez la facturation en ligne et automatisez les rappels. Avec ces éléments clés, vous pouvez automatiser certaines tâches et réussir en tant qu'assistant virtuel.

Comment faire face au stress en tant qu'assistant virtuel

En tant qu'assistant virtuel, vous pouvez être confronté à des délais serrés, à des clients difficiles et à une charge de travail importante, ce qui peut entraîner un stress important. Le stress peut avoir des effets négatifs sur votre santé mentale et physique, ainsi que sur la qualité de votre travail. Dans ce chapitre, nous explorerons les éléments clés pour faire face au stress en tant qu'assistant virtuel.

1. Identifiez les sources de stress : Identifiez les sources de stress dans votre travail. Il peut s'agir de clients difficiles, de délais serrés ou d'une charge de travail importante.
2. Prenez des pauses régulières : Prenez des pauses régulières pour vous reposer et vous détendre. Les pauses peuvent vous aider à réduire le stress et à vous ressourcer.
3. Pratiquez des techniques de relaxation : Pratiquez des techniques de relaxation telles que la respiration profonde, la méditation ou le yoga pour réduire le stress.
4. Établissez une liste de tâches : Établissez une liste de tâches pour vous aider à organiser votre travail et à réduire le stress.
5. Communiquez avec vos clients : Communiquez avec vos clients pour clarifier les attentes et éviter les malentendus. Une bonne communication peut aider à réduire le stress et à améliorer la relation avec les clients.
6. Évitez les distractions : Évitez les distractions telles que les réseaux sociaux, les courriels personnels et

les appels téléphoniques pour vous concentrer sur votre travail et réduire le stress.

7. Demandez de l'aide : Demandez de l'aide à vos collègues ou à votre réseau professionnel lorsque vous êtes débordé ou avez des difficultés. Ne pas avoir peur de demander de l'aide peut vous aider à réduire le stress et à améliorer la qualité de votre travail.

En conclusion, faire face au stress en tant qu'assistant virtuel est essentiel pour maintenir une bonne santé mentale et physique et offrir un service de qualité à vos clients. Identifiez les sources de stress, prenez des pauses régulières, pratiquez des techniques de relaxation, établissez une liste de tâches, communiquez avec vos clients, évitez les distractions et demandez de l'aide. Avec ces éléments clés, vous pouvez faire face au stress et réussir en tant qu'assistant virtuel.

Comment maintenir une vie équilibrée en tant qu'assistant virtuel

En tant qu'assistant virtuel, il est facile de se laisser submerger par le travail et de ne pas trouver un équilibre entre vie professionnelle et vie personnelle. Cependant, maintenir un équilibre sain est essentiel pour votre bien-être et votre succès en tant qu'assistant virtuel. Dans ce chapitre, nous explorerons les éléments clés pour maintenir une vie équilibrée en tant qu'assistant virtuel.

1. Établissez des limites : Établissez des limites claires entre votre vie professionnelle et votre vie personnelle. Définissez des horaires de travail réguliers et ne travaillez pas en dehors de ces heures.
2. Prévoyez du temps pour vous : Prévoyez du temps pour vous chaque jour pour faire des activités que vous aimez, comme lire, faire de l'exercice ou passer du temps avec votre famille et vos amis.
3. Planifiez des vacances : Planifiez des vacances régulières pour vous reposer et vous ressourcer. Les vacances peuvent vous aider à réduire le stress et à améliorer votre bien-être.
4. Évitez les distractions : Évitez les distractions telles que les réseaux sociaux, les courriels personnels et les appels téléphoniques pendant vos heures de travail pour rester concentré et réduire le stress.
5. Développez des habitudes saines : Développez des habitudes saines telles que manger sainement, faire de l'exercice régulièrement et dormir suffisamment pour maintenir un mode de vie équilibré.

6. Établissez des priorités : Établissez des priorités dans votre travail pour vous assurer que les tâches les plus importantes sont accomplies en premier. Cela peut vous aider à éviter le stress et à mieux gérer votre temps.
7. Restez connecté : Restez connecté avec votre famille et vos amis pour maintenir une vie sociale équilibrée. Les interactions sociales peuvent vous aider à réduire le stress et à améliorer votre bien-être.

En conclusion, maintenir une vie équilibrée en tant qu'assistant virtuel est essentiel pour votre bien-être et votre succès professionnel. Établissez des limites, prévoyez du temps pour vous, planifiez des vacances, évitez les distractions, développez des habitudes saines, établissez des priorités et restez connecté. Avec ces éléments clés, vous pouvez maintenir une vie équilibrée et réussir en tant qu'assistant virtuel.

Conclusion et perspectives d'avenir pour l'assistanat virtuel

Dans ce livre, nous avons exploré les éléments clés pour devenir un assistant virtuel réussi, y compris les compétences essentielles, la façon de trouver des clients, de fixer des tarifs, de facturer correctement, de gérer les conflits, de rester organisé, de communiquer efficacement, de maintenir la confidentialité et la sécurité des informations, de développer une relation de confiance avec les clients, de gérer les urgences et les imprévus, de se démarquer de la concurrence, d'établir des collaborations avec d'autres assistants virtuels, d'élargir votre réseau professionnel, d'utiliser les réseaux sociaux pour trouver des clients, d'améliorer vos compétences, d'offrir des services spécialisés, d'automatiser certaines tâches, de faire face au stress et de maintenir une vie équilibrée.

En tant qu'assistant virtuel, il est important de continuer à évoluer et à s'adapter aux changements dans l'industrie. Avec la pandémie mondiale, l'assistanat virtuel a connu une croissance exponentielle et cette tendance devrait se poursuivre à l'avenir. Les entreprises et les entrepreneurs sont de plus en plus conscients de l'importance d'un soutien administratif efficace et flexible, et l'assistanat virtuel répond à ces besoins.

Les avancées technologiques continuent de changer la façon dont nous travaillons et l'assistanat virtuel ne fait pas exception. Des outils tels que l'intelligence artificielle, la reconnaissance vocale et les chatbots peuvent aider à automatiser davantage de tâches et à améliorer l'efficacité des assistants virtuels. Les assistants virtuels devront continuer à développer leurs compétences pour rester compétitifs sur le marché.

En conclusion, l'assistanat virtuel est une industrie en pleine croissance offrant une grande opportunité pour les personnes souhaitant travailler de manière flexible et offrir un soutien administratif efficace. Avec les compétences et les stratégies abordées dans ce livre, vous pouvez devenir un assistant virtuel réussi. En restant à jour avec les avancées technologiques et en continuant à développer vos compétences, vous pouvez vous assurer que vous êtes prêt pour les défis et les opportunités à venir dans l'industrie de l'assistanat virtuel.

Merci d'avoir lu notre livre sur l'assistanat virtuel. Nous espérons que les informations et les stratégies abordées dans ce livre vous ont aidé à devenir un assistant virtuel réussi.

Si vous avez apprécié ce livre et trouvé les informations utiles, nous vous encourageons à laisser une critique positive sur la plateforme où vous l'avez acheté. Votre avis peut aider d'autres personnes à découvrir ce livre et à bénéficier des informations et des stratégies qu'il contient.

Encore une fois, merci d'avoir lu ce livre et nous vous souhaitons beaucoup de succès dans votre parcours en tant qu'assistant virtuel.